I0407319

Recuerdos de Mecedora
Canciones de cuna

Sabiduría popular colombiana

Carmen Cecilia Díaz de Almeida

Portada y Diagramación: Judith Almeida
Primera Edición Impresa, 2008, Colombia
Primera Edición Digital, 2016, Estados Unidos
Derechos reservados de la autora. Copyright © 2016

CARMEN CECILIA DIAZ DE ALMEIDA

Carmen Cecilia Díaz de Almeida, autora y artista colombiana. Nacida en Piedecuesta (Santander). Ha publicado 33 libros de cultura, costumbres, sabiduría popular y folklore colombiano. Reconocida por la UNESCO y la Gobernación de Santander como "Patrimonio Cultural Viviente", por sus aportes e investigaciones con el objetivo principal de conservar y transmitir la tradición oral, sabiduría y folclor colombiano, despertando el sentimiento de identidad, continuidad y así promover el respeto a la diversidad cultural y creatividad humana.

Intelectual comprometida con la Docencia-Educación y la Investigación de la Tradición Oral y Cultura en la región de Piedecuesta, Santander. Asesora en Universidades, Conferencista y Radio-locutora.

Realizó estudios profesionales de Historia de Colombia en la Universidad Industrial de Santander UIS, de Filosofía y Letras en la Universidad de Santo Tomás de Aquino, de Español y de Literatura en la Universidad de Pamplona. Hizo sus estudios primarios y secundarios en el Colegio de La Presentación de Piedecuesta y en la Escuela Normal Superior de Bucaramanga, allí obtuvo el título de Maestra Superior. Está casada y tiene dos hijos.

TAMBIEN DE CARMEN CECILIA DIAZ DE ALMEIDA

Colección Tradición Oral Colombiana:
A calzón quitao (1992)
Los pregones de mi pueblo (1994)
El Trabalengüero (1997)
Cuentos de miedo (1998)
Cualquier parecido es mera coincidencia (1999)
Coplas, refranes y dichos para niños (1999)
Creencias y costumbres de mi pueblo (2001)
Más decires de mi pueblo (2017)
Cuentos de Miedo – Spanish/English Version (2017)

Sabiduría Popular Colombiana:
Secretos caseros de nuestras abuelas (1990)
Piedecuesta Mi patria Chica (1995)
Bucaramanga, señorial y bella (1995)
El trajín de la crianza (2000)
Santander (2004)
Recuerdos de mecedora (2008)

Colección Vivencias:
Los sentimientos no se compran en la tienda (2003)
Mensajes para fechas especiales (2004)
Sentir, asombrarse y vivir (2005)
Trocitos de paz (2005)
Las siete gracias de la felicidad (2010)
El poder del pero (2011)

Colección de Cívica y Urbanidad:
El señorío se aprende en Casa. Civismo, buenas costumbres y etiqueta (2008)

Colección Poemas:
A través de la luz (2002)

Colección de cuentos:
El espantapájaros que tenía corazón (2003)

Libros publicados por la Editorial San Pablo:
Comunícate (1992)
Refranes y otras cosas de la ilustre Villa del Garrote (1984)
Secretos manuales para embellecer el hogar (2001)
Cuentos para niños de 1 a 100 años (2005)
No pierda el impulso (2005)
Un mensaje para mí (2006)

Contenido

Dedicatoria

A mi nieto Christian Eduardo, A Judith Cecilia y Fredy Leonardo, A Néstor Eduardo y Alba Mercedes y a Néstor Gonzalo

Agradecimiento

Sinceros sentimientos de gratitud a la Licenciada Smith Viola de Roa, profesora de la Escuela Normal Superior de Piedecuesta y la Licenciada Inés Mantilla Jaimes, profesora de CEDECO Centro de Comercio, por su ayuda oportuna y tesonera. Ojalá su dedicada labor obre la Multiplicación de los Panes, en toda meta que se propongan.

Prólogo

"Recuerdos de Mecedora", es una obra dirigida a todas las personas interesadas en rescatar y difundir nuestro legado cultural, ofrece un universo de tradición oral, rico en vivencias familiares, el cual nos ayuda a comprender y a valorar nuestras raíces.

Esta obra tiene el lenguaje sencillo del pueblo, dirigido a maestros de párvulos, de educación básica y en general a las personas interesadas en proteger las tradiciones culturales de nuestra tierra.

Es aquí cuando el arrullo se vuelve fantasía que acaricia y desata las palabras y los sentimientos en ternezas, bondades y dulces amonestaciones para los infantes que poco duermen...

Arrurrú mi niño
duérmete sonriendo,
que tu mamá bella
te está meciendo.

෨๏ൟ

Bebita del alma
gotita de amor,
cierra tus ojitos
hazlo por favor.

෨๏ൟ

Mi niño se va a dormir
con los ojitos cerrados,
como duermen los jilgueros
encima de los tejados.

৵৹৵

La cuna, la hamaca y la mecedora, son sinónimos de tranquilidad, abrigo y futuro; porque los niños acariciados son más sanos, seguros y equilibrados.

Ojalá este libro motive a revivir en familia, tan bellos momentos disfrutados al abrigo del hogar y entonces se pueda decir:

Ya la vida se ha ido silenciosa y veloz
y queda en el ambiente un hilito de voz
recordando muy quedo las horas del reloj.

"RECUERDOS DE MECEDORA", es una recopilación de canciones de cuna que han sido destinadas a adormecer infantes renuentes al descanso. Es saber popular auténtico como son los sentimientos que han dado origen a tales expresiones de amor, premura, cariño, paciencia y ternura de abuelas, mamás y niñeras, artífices sabias de la crianza amable que da seres humanos más agradecidos, felices e integrales.

Estos arrullos en su mayoría, tienen un estilo sencillo y fresco que estimula el buen humor y nos hace partícipes de todo lo que significa la cercanía y la bondad para conseguir el milagro de convivir y crear lazos de fraternidad.

La infancia deja improntas para toda la vida, ojalá y sean las mejores.

La Autora

Introducción

Recuerdos de Mecedora, es una recopilación de canciones de cuna o nanas, tomadas de boca de mamás, abuelas y en especial de alumnas y alumnos de la Escuela Normal Superior de Piedecuesta y de CEDECO Centro de Comercio, instituciones educativas de gran prestancia de Piedecuesta, Santander.

Los mensajes de estas nanas, manifiestan ternura, como:

Bebita del alma
gotita de amor,
cierra tus ojitos
hazlo por favor.

ৡৣৣ

Pajarito que cantas
en la laguna,
no despiertes al niño
que está en la cuna.

ৡৣৣ

Arrurrú mi niño
duérmete sonriendo,
que tu mamá bella
te está meciendo.

Otras cancioncitas cuentan premuras y es natural, las gentes dicen cuanto piensan y sienten:

Arrorró mi niña
duérmete en la hamaca,
que no hay biberón
ni leche de vaca.

❧

Arrurrú mi niño
que estás en la hamaca,
que no hay biberón
ni leche de vaca.

❧

Duérmete niña
ojos de canela,
casi no hay nadita
sólo guapanela.

En algunas canciones de cuna, se descubre rudeza:

Arrurrú mi niño
cabeza de anón
ancas de armadillo
muelas de ratón.

Duérmete niño
te doy empanada,
si no te dormís
te doy tu palmada.

Duérmete niña
te doy mojicón,
si no te dormís
te doy coscorrón.

Y, muy graciosas otras nanas:

Los cuatro sapitos
toman chocolate,
el más chiquitico
se sienta y lo bate.

La sapa estaba cosiendo
para el sapo pantalones,
la sapa que se descuida
y el sapo que se los pone.

Duérmete niño
duérmete ya,
porque viene el coco
y te comerá.

❧

Arrurrú mi niño
duérmete ya,
porque viene el perro
y te morderá...

❧

Arrurrú mi niña
que tengo que hacer
lavar los pañales
y hacer de comer.

❧

Si no te dormís
te daré palmada
te meto en la cuna
sin tete ni nada.

El objetivo primordial de este libro, es recuperar memoria de un pueblo y también despertar el sentimiento de identidad.

Se desea de corazón, en la medida en que este libro camine, vaya rescatando raíces para afianzar los lazos de cercanía y las añoranzas de las familias.

Recuerdos de Mecedora
Canciones de cuna

1.
Arrorró mi niña
duérmete en la cuna,
que ya se anochece
y salió la luna.

2.
Arrorró mi niña
duérmete en la hamaca
que no hay biberón
ni leche de vaca.

3.
Arrurrú, mi niña
arrurrú mi ya,
duérmete mi niña
duérmete ya.

4.
Arrorró mi niño
que tengo que hacer,
lavar los pañales
y hacer de comer.

5.
Arrurrú mi niño
arrurrú mi sol,
duérmete pedazo
de mi corazón.

6.
Arrurrú mi niña,
arrurrú mi ya,
que viene el coquito
a comérsela ya.

7.
Arrurrú mi niño
que tengo que hacer,
coser la ropita
y hacer de beber.

8.

Arrurrú mi niño
cabeza de anón
ancas de armadillo
muelas de ratón.

ക്ക

9.

Arrurrú mi niño
duérmete ya,
los ángeles vienen
y te llevarán.

ക്ക

10.

Arrurrú mi niño
duérmete ya,
y mañana cantarás
la, la, la, la ...

ക്ക

11.

Arrurrú mi niño
duérmete ya,
y mañana saldrás a jugar
a jugar, a jugar.

ക്ക

12.

Arrurrú mi niño
que tengo que hacer,
lavar los pañales
y hacer de comer,
llamar a papito
que venga a comer.

৩৯৫৫

13.

Arrurrú mi niño
duérmete ya,
sino viene el coco
y te comerá.

৩৯৫৫

14.

Arrurrú mi niña
que estás en la hamaca,
que no hay mazamorra
ni leche de vaca.

৩৯৫৫

15.

Arrurrú mi niña
duérmete ya,
que la Virgen linda,
te cubrirá.

16.

Arrurrú mi niña
arrurrú mi ya,
que ya viene el coco
y te comerá.

❧

17.

La niña bonita
se quiere dormir
y el pícaro sueño
no quiere venir.

❧

18.

Arrurrú mi niño
duérmete ya,
porque viene el perro
y te morderá.

❧

19.

Arrurrú mi niño
le doy mantecada,
si sigue llorando
le doy su palmada.

❧

20.
Arrurrú mi niño
que tengo que hacer,
lavar los pañales
y sentarme a coser.

❧

21.
Arrurrú mi niño
arrurrú mi amor,
duérmete pedazo
de mi corazón;
este lindo niño
se quiere dormir
y el pícaro sueño
no quiere venir.

❧

22.
Arrurrú mi niña
duérmete ya,
duérmete mi niña
duérmete ya
que el pícaro sueño
pronto vendrá.

❧

23.
Arrurrú mi niño
duérmete sonriendo,
que tu mamá bella
te estará meciendo.

❧

24.
Arrurrú mi niña
arrurrú mi ya,
duérmase mi niña
duérmase ya
que tengo que hacer
lavar los pañales
y hacer de comer
llamar a su taita
que venga a comer
si viene caliente
me largo a correr.

❧

25.
Arrurrú mi niño
que tengo que hacer
lavar los pañales
y hacer de comer,
matar un pollito
y echarlo a herver
llamar a tu taita
que venga a comer.

26.

Arrurrú mi niño
que tengo que hacer
lavar los pañales
y hacer de comer,
matar un pollito
echarlo a hervir
llamar a su taita
que venga a comer
y si le gusta que sea feliz
como una lombriz.

27.

Arrurrú mi niña
que tengo que hacer
lavar los pañales
y hacer de comer,
matar un pollito
echarlo a hervir,
llamar a su papi
que venga a comer
el pollo hervido
que le preparé.

28.

Arrurrú mi niño
que tengo que hacer
lavar los pañales
y hacer de comer,
si no te dormís
te daré palmada
te meto a la cuna
sin tete ni nada.

29.

Al monte de Los Olivos
madera voy a traer
para hacer una cunita
al niño que va a nacer,
que se parezca a ti
que se parezca a mí.

30.

Arrorró duerme ya
con la luz encendida,
sueña un sueño mi amor
hasta que renazca el sol.
A dormirte ya ven
que descanses muy bien,
a dormirte ya ven
que descanses muy bien.

31.

Arrorró mi niño
arrorró mi sol,
arrorró pedazo
de mi corazón.

ୡଔ

32.

Arrurrú mi niña
arrurrú mi amor,
espejo de mi alma
y mi gran primor.
Arrurrú mi niña
arrurrú mi amor,
duérmete prontito
que viene papá
y su comidita
no la va a encontrar.

ୡଔ

33.

Bebita del alma
gotita de amor,
cierra tus ojitos
hazlo por favor.

ୡଔ

34.

Niñito de mis entrañas
es hora ya de dormir,
el Niño Dios te acompaña
para hacerte sonreír.

୬ଓ

35.

Arrorró duerme ya
con la luz encendida,
sueña un sueño mi amor
hasta que salga el sol.

୬ଓ

36.

A dormir
va la rosa de los rosales,
a dormir va mi niño
porque ya es tarde.

୬ଓ

37.

Mi niño se va a dormir
con los ojitos cerrados,
como duermen los jilgueros
encima de los tejados.

୬ଓ

38.

A soñar,
a soñar, a soñar,
duerme, duerme, duerme ya
porque viene el hada buena
y te acompañará.

Suenan melodías
a tu alrededor
sueña con las nubes
nubes de algodón.

৽৽৽

39.

Aserrín, aserrán
Aserrín, aserrán
los maderos de San Juan
piden queso, piden pan.
los de Rique, alfeñique;
los de Roque, alfondoque;
los de trique, trique, tran.
Aserrín, aserrán
los maderos de San Juan
piden queso, piden pan,
los de Rique, alfeñique;
los de Roque, alfondoque;
los de trique, trique, tran.

৽৽৽

40.

Arroz con leche me quiero casar,
con una señorita de la capital,
que sepa coser, que sepa bailar,
que abra la puerta para ir a jugar.
Yo soy la brujita, la hija del rey,
me quiero casar y no sé con quién,
con ésta sí, con ésta no
con esta señorita me caso yo.

41.

Arrurrú mi niña
duérmete en la cuna,
que ya se anochece
y salió la luna.

42.

Canción para despertar a un negrito:

Una Paloma cantando pasa
¡Hupa mi negro que el sol abrasa!

Ya nadie duerme ni está en la casa,
ni el cocodrilo, ni la yaguesa,
ni la culebra, ni la torcaza.

Coco, cacao, cacho, cachaza,
¡Hupa mi negro!
que el sol te abrasa.

43.

Cunita que viene
cunita que va,
el niño se duerme
pensando en mamá.

❧

44.

Cinco pollitos
tiene mi tía,
uno le canta
otro le pía
y otro le canta
la sinfonía.

❧

45.

Esta linda niña se quiere dormir
y el pícaro sueño no quiere venir,
decidle al coco que venga acá,
que si él no viene, yo voy allá,
que ponga el puente para yo pasar.

Esta linda niña de Juana Bacoa
no tiene palanca, ni tiene canoa,
esta linda niña que nació de día
quiere que la lleve hasta la alcaldía.

Decidle al coco que venga acá
que si no viene yo voy allá.

Y que ponga el puente para yo pasar.
Uno, dos y tres, a dormir otra vez,
cuatro, cinco, seis, la pijama de una vez,
cuenta ovejas que sean de colores,
ciento treinta y tres, con formas y sabores.

༝ঙ্গ

46.
Del monte cercano
viene ya el hada
y de un feo enano
viene acompañada,
y vienen tocando
en todas las puertas
y se van llevando
las niñas despiertas.

༝ঙ্গ

47.
Duérmete lucero lindo
duérmete luz de mis ojos,
que todo el tiempo te mimo
acunándote en mi pecho.

Duérmete lucero lindo
que nadie enturbie tus sueños,
que tu madre mientras canta
te protege de los vientos.

Duérmete lucero lindo
duérmete mientras yo velo,
que cantando todo el tiempo
te diré lo que te quiero.

৵৽৻

48.
Duérmete niño del alma
duérmete que velo yo,
Dios te dé mucha ventura
en este mundo engañador
no llores, no llores no
duérmete que velo yo.

৵৽৻

49.
Duérmete mi niño
duérmete mi amor,
duérmete pedazo
de mi corazón.

Duérmete niño chiquito
que la noche viene ya,
cierra pronto tus ojitos
que el viento te arrullará.

৵৽৻

50.

Duerme, duerme vida mía
no más juego y parlería.
Cierra pronto tus ojitos
que los ángeles benditos,
mientras haya quién los vea
no te vienen a arrullar.

Duerme, duerme dulce sueño
que yo misma tengo empeño
de quedarme dormidita
y gozar de la visita
de los ángeles que vienen
a mecerte en tu cunita.

Duerme, duerme vida mía
no se vayan a enfadar.
Duerme, duerme que ya vienen
y dormido los verás, que te mecen
y remecen y te besan al compás.

৵৵

51.

Duérmete niñita
duérmete mi amor,
no hagas pucheritos
arrorró, arrorró.

৵৵

52.

Ángeles del cielo
arpegios de amor,
cantadle al niñito
que Dios lo creó.

53.

Duérmete niño chiquito
que la noche viene ya,
cierra pronto tus ojitos
que tu madre velará.

54.

Duerme duerme niño de mi vida
duerme dulce prenda de mi amor,
que la Virgen velará
y tu madre rezará.

55.

Duérmete niña hermosa ea, ea,
ea, ea, que cerca de tu cuna está
mi corazón ea, ea,
ea, ea, tú sabes que vengo
a traerte mi amor,
que soy de los valles
un pobre pastor,

recibe mis besos
con gran devoción
niñita del alma
mi dicha, mi Dios.

༄

56.
Duérmete mi niña
que estás en la cuna,
que no hay mazamorra
ni leche ninguna.

༄

57.
Duérmete mi niño
mi dulce cordero
te daré un velero
y también armiño,
que viene la luna
a contarte un cuento
bordado de espuma
también de cariño.

༄

58.
Duérmete mi niño
duérmete ya,
que viene la noche
y no quiero trasnochar.

59.
Duérmete niña
que yo te daré,
tortilla de huevo
fritada con qué.

࿇

60.
Duérmete niña chiquita
cabeza de anón,
culito de rana
rabito de ratón.

࿇

61.
Despierta, no duermas
que sobre tu frente
se ha posado un beso,
que el aire parece
la dulce carrera
de un burrito blanco.
Despierta mi niña
que el amanecer
trae el nuevo sol
como granadilla,
despierta, no duermas.

࿇

62.

Duérmete mi niño
duérmete ya,
vendrá el surrucuco
y se lo llevará.

❧

63.

Duérmete mi niño
puñadito de oro,
quédate dormido
mi lindo tesoro.

Enlaza las manos
cierra los ojitos,
que el ángel del sueño
ya viene en camino.

No verás al ángel
si no estás dormido,
duérmete mi niño
mi niño querido.

❧

64.

Duérmete mi niña
duérmete ya,
que viene el papito
y un beso te da.

65.
Duérmete mi niño
duérmete corriendo,
que la ronda de los ángeles
te irá meciendo.

ഔഔ

66.
Duérmete mi niño
niño juiciosito,
para que tu mami
tenga un descansito.

ഔഔ

67.
Duérmete mi niño
la flor de la ahuyama,
ninguno te aguanta
tan sólo tu mamá.

ഔഔ

68.
Duérmete mi niño
y te doy empanada,
si no te dormís
te doy tu palmada.

ഔഔ

69.

Duérmete niño
te doy caramelo,
si no te dormís
te pongo en el sueño.

꧁꧂

70.

Duérmete niño
te doy mojicón,
si no te dormís
te doy coscorrón.

꧁꧂

71.

Duérmete niña chiquita
que la noche viene ya,
cierra pronto tus ojitos
que mamá te arrullará
y cuando estés dormidita
un ángel te cuidará
y la luna y las estrellas
una canción cantarán
para que sueñes con ellas
y puedas dormir en paz.

꧁꧂

72.

Duerme niño de mi vida
que el coco viene,
y se lleva a los niños
que no se duermen.

⁓

73.

Duérmete niño
duérmete ya,
que viene el zorro
y te va a llevar.

⁓

74.

Duérmete mi niño
cierra los ojitos,
para que te sueñes
con los angelitos.

⁓

75.

Duérmete niña
duérmete ya,
que la noche es corta
y amanecerá.

⁓

76.

Duérmete niño
que ahí viene el coco,
y se come a los niños
que duermen poco.

৩৵৶

77.

Estaba el señor don gato

Estaba el señor don gato
sentadito en su tejado
miau, miau, miau, miau,
sentadito en su tejado,
ha recibido una noticia
que si quiere ser casado
con una gatica blanca
hija de un gato rayado
miau, miau, miau, miau,
hija de un gato rayado.
Y el gato de la alegría
se ha caído del tejado
miau, miau, miau, miau,
se ha caído del tejado,
se ha roto siete costillas
el espinazo y el rabo
miau, miau, miau, miau,
el espinazo y el rabo.
Ya lo llevan a enterrar
a la calle del mercado
y al olor de las sardinas

el gato ha resucitado
miau, miau, miau, miau,
el gato ha resucitado.

❦

78.
Este niño lindo
se quiere dormir,
y el pícaro sueño
no quiere venir.

❦

79.
Este nené lindo
que nació de noche,
quiere que lo lleven
a pasear en coche.

❦

80.
El payaso Plan Plan
se pinchó la nariz,
y a los cinco minutos
hizo fuerte achís.

❦

81.

Estaba el pollito Andrés
estaba comiendo arroz.
El arroz está caliente
el pollito se quemó,
la culpa la tienes tú
la culpa la tengo yo
por no coger la cuchara
cuchillo, ni tenedor.
Mi mamá se llama arepa
mi papá maíz tostado,
y yo por ser muy negrito
me llamo plátano asado.

82.

El Pollito Pon
estaba comiendo arroz,
el arroz estaba caliente
y el pollito se quemó.

La culpa no fue de nadie
la culpa la tengo yo,
por no poner la cuchara
el cuchillo y tenedor.

83.
El Trencito Cañero

¿Qué será lo que allí viene
en un día de calor?
Es un trencito cañero
que trabaja con ardor.

Un conejo muy peludo
que maneja su tractor,
y en el último carrito
va sentado un ratón.

Trencito cañero
que ruedas por la calle,
qué lindo eres tú,
trencito de mi valle.

Cuando llegan al ingenio
se detiene el motor,
y el conejo tractorista
del trencito se bajó
pero, pronto lanza un grito:
Ay qué espanto, qué pasó?
¿Dónde está toda la caña?
El ratón se la comió.

❧

84.
El Negro Cirilo

El Negro Cirilo se va muy tranquilo
va al Amazonas montado en su caimán,
llevando tijeras y aguja con hilo,
y un canastico con migas de pan.

Dónde va Cirilo, negro Cirilo
dónde va Cirilo montado en su caimán,
va al Amazonas a bailar la zamba
con una negrita del Paraguay,
al llegar al río al caimán le da frío,
no quiere cruzarlo, se pone a tiritar
el negro Cirilo se cose un vestido
y le hace un bote con migas de pan.

85.
El payaso
el payaso Pimplín
se pinchó la nariz,
y a los cinco minutos
hizo fuerte achís!

86.

Estrellita dónde estás
que te busca tu mamá,
un lucero la encontró
ella hoy, brilla bajo el sol.

❧

87.

El bebé llora en la cuna
porque no puede dormir,
duérmete niño mío
papá y mamá estamos aquí.
El bebé siempre lloraba
y no se podía dormir,
háganle la cuna de raso y
jazmín.

Háganle la cama
en el toronjil,
y en la cabeza póngale jazmín
y con su fragancia
que lo haga dormir.

❧

88.
El Gordito

La pinta es lo de menos
sí señor,
sos un gordito bueno
como no,
alegre y divertido
es mi gordito simpaticón.
Mi gordo preciosito
sí señor, no cambies nunca, nunca,
por favor, eres mi gran tesoro
y te quiero mucho
mi amor.

89.
Firolete es un enano
usa barbas y bastón,
una gran camisa larga
saco verde y pantalón,
Firolete se abanica
en las tardes de calor
cuando llueve se acurruca
bajo el cáliz de una flor.

90.
Hola don Piropo
qué gordo está usted,
y cómo no voy a estarlo,
caramba, si lo paso bien,
subo a la azotea
a extender la ropa
sale un ratoncito
bailando la Conga,
bailo la Conguita
y así la paso bien.

91.
Hijita, hijita linda
tesoro de mi corazón,
eres la bebita que más quiero yo,
nenita, nenita, lindo tesoro
de mi corazón
duerme tranquila
que aquí estoy yo.

92.
Iba un patico para la escuela
con los calzones mal remendados,
iba entonando, iba diciendo
!Viva la escuela, el maestro y yo!
Con la alegría y la inocencia
del estudiante voy yo,

con la actitud y el deseo
de vivir con mucho amor.

93.
Luna Llena

La luna llena está
la noche oscura,
el cielo estrellado
te dicen niño lindo
hay que dormir ya.

Cierra pronto tus ojitos
mañana madrugarás,
a tomar el teterito
y luego jugarás.

Comerás el teterito
y dirás mamá,
y otras palabritas
te voy a enseñar
eres la alegría
en éste tu hogar.

Luna Llena

La luna llena está
la noche oscura,
el cielo estrellado
te dicen niño lindo
hay que dormir ya.

Cierra pronto tus ojitos
mañana madrugarás,
a tomar el teterito
y luego jugarás.

Comerás el teterito
y dirás mamá,
y otras palabritas
te voy a enseñar
eres la alegría
en éste tu hogar.

La luna llena está
cierra tus ojitos,
ponte a descansar.

94.
La canción de las vocales

Salió la a, salió la a, y sé a dónde va, (bis)
se fue a comprar un regalo a su mamá.
Salió la e, salió la e, y no sé a dónde fue. (bis)
Fue con su tía Martha a comprar té.
Salió la i, salió la i, y yo no la sentí. (bis)
Se fue a comprar un puntito para ti.
Salió la o, salió la o, y no volvió. (bis)
Se fue a comer tamales y se engordó.
Salió la u, salió la u, que me dices tú. (bis)
Se fue con su bicicleta y llegó al Perú.

ক৯৵

95.
Los zancuditos

Los zancuditos también unjú, ajá,
se fueron a confesar unjú, ajá,
la zancudita vieja dijo unjú, ajá,
echémoslos a ahogar unjú, ajá.
En la puerta del San Juan de Dios
unjú, ajá, estaba la muerte flaca
unjú, ajá, yo le dije al sacristán
sácame a esa guacharaca
porque si tú no le das
por el juipire joropo
yo le daré por el juipire jopola.

96.
La marisola

Estando la Marisola
sentada en su vergel,
abriendo la rosa
cerrando el clavel.
Quién será esa gentecita
que pasa por aquí,
ni de día, ni de noche
nos deja dormir.
Somos los estudiantes
que vamos a estudiar,
a la capillita
de la Virgen del Pilar.
Plato de oro
orillo de cristal,
que se quiten, que se quiten,
de la puerta principal.

97.
La iguana

Había una vez una iguana,
con una ruana de lana,
peinándose la melena
junto al río Magdalena.

Y la iguana tomaba café,
tomaba café a la hora del té. (bis)

Llegó un perezoso
caminando en piyama,
y bostezando le dio un empujón
a doña iguana
y la lanzó de cabeza en el agua.

La iguana volvió mojada,
furibunda y enojada,
le espicha la oreja al perezoso
y lo encierra en el calabozo.

Y la iguana termina el café
termina el café
a la hora del té.

98.
Los pollitos dicen

Los pollitos dicen
pío, pío, pío,
cuando tienen hambre
cuando tienen frío.

La gallina busca
el maíz y el trigo,
les da comida
y les presta abrigo.

Bajo sus dos alas
acurrucaditos,
hasta el otro día
duermen los pollitos.

Cuando se levantan
dicen mamacita,
tengo mucha hambre
deme lombricitas.

99.
Los sapitos

Todos los sapitos
se van a bañar,
y al más chiquitico
lo dejan ahogar.

Los cuatro sapitos
se van para misa,
y el más chiquitico
se va sin camisa.

Los cuatro sapitos
toman chocolate
y el más chiquitico
se sienta y lo bate.

Los cuatro sapitos
toman aguardiante,
y el más chiquitico
se pone caliente.

Los cuatro sapitos
se ponen corbata
y el más chiquitico
hebilla de plata.

෨෬

100.
Los sapos

Los sapos en la laguna
cuando ven el aguacero,
los unos piden cachucha,
los otros piden sombrero.

La sapa estaba cosiendo
para el sapo pantalones,
la sapa que se descuida
y el sapo que se los pone.

Todos los sapitos
baten chocolate,
y el más chiquitico
se sienta y lo bate.

Todos los sapitos
se van para el río,
y el más chiquitico
se muere de frío.

101.
Mi carita redondita
tiene ojos y nariz,
y también una boquita
para hablar y sonreír.

Con mis ojos veo todo
con mi nariz hago ¡achís!
Y con mi boca saboreo
crispeticas de maíz.

୬ଙ୬

102.
Mi nenita lloraba
por no querer dormir,
duerme nenita mía,
que la luna te va a oír.

Papá viene en camino
se oyen sus pasos venir
duerme nenita mía,
que la luna te va a oír.
La nenita lloraba

con rostro de infeliz
y alzaba su boquita
para darle a luna
un piquito en la nariz.

୬ଙ୬

103.

Mañana me voy pa' misa
y dejo la casa sola,
el perro tocando el tiple
y la gata la bandola.

൙

104.

Mamita, mamita,
enciende la vela,
mira a ver quién pasa
por la cabecera,
son los angelitos
que van de carrera
despertando al niño
para ir a la escuela.

൙

105.
Nana

Por qué duermes hijo mío,
el ocaso no arde más,
no hay más brillo que el rocío
más blancura que tu faz.

Por qué duermes hijo mío,
el camino enmudeció,
nadie gime sino el río
nadie existe sino yo.

Se anegó de niebla el llano
se encogió el suspiro azul,
se ha pasado como mano
sobre el mundo la quietud.

Yo no sólo fui meciendo
a mi niño en mi cantar,
a la tierra fui durmiendo
al vaivén del acunar.

106.
Niñito de mis entrañas
es hora ya de dormir,
el Niño Dios te acompaña
para hacerte sonreír.

107.
P'al monte cercano
se fue el labrador,
y de las montañas
regresó el pastor.

108.
Parranda Navideña

A la medianoche
el gallo cantó,
anunciando al mundo
que Cristo nació.

Dios guarde esta casa
y guarde esta familia,
y los santos reyes
también la bendigan.

Aguinaldo ha sido
lo que dio mi voz,
pasen buenas noches
señores, adiós.

109.
Pequeño curso de soñología

Para soñar despierto
se necesitan:
una escalera grande
y una chiquita.

Por la grande se sube
de dos zancadas,
la cosa es más difícil
a la bajada.

Escalera tan chica
requiere empeños,
si flaqueas te quedas
donde los sueños.

Pido limones
al limonero,
para el mes de diciembre
o el mes de enero.
Por el cielo se acerca
la abeja reina,
con un grano de azúcar
para la fiesta.

Por el camino viene
la caña dulce,
a traerme noticias
de la molienda.

✃

110.

Pajarito que cantas
en la laguna,
no despiertes al niño
que está en la cuna.

☙❧

111.
Señora Santa Ana

Señora Santa Ana
¿por qué llora el niño?
Por una manzana
que se ha perdido.

No llore por una,
yo le daré dos,
que vayan por ellas
al San Juan de Dios.

Señora Santa Ana
¿por qué llora el niño?
Por una manzana
que se le ha perdido.

No llore por una,
yo le daré dos,
una para el niño
y otra para vos.

☙❧

112.
Tengo una muñeca

Tengo una muñeca teñida de azul,
zapaticos blancos y manto de tul,
la llevé a paseo, se me constipó,
la tengo en la cama con mucho dolor.
Esta mañanita me dijo el doctor
que le diera jarabe con un tenedor.
Dos y dos son cuatro, cuatro y dos son seis,
seis y dos son ocho y ocho diez y seis.

113.
Tengo un osito de lana

Yo tengo un osito
un osito de lana
que siempre duerme
conmigo en la cama,
anoche mi osito
se puso a llorar
y yo con un dulce
lo hice callar.
Mañana a mi osito
le voy a comprar
unos zapaticos
para caminar.

114.

Tengo un niño chiquitín
que se llama Nicolás,
si lo quieres conocer
anda arriba y lo verás.
Sabe tocar el tambor,
sabe saltar al compás,
pero lo que más le gusta
es llamarse Nicolás.

~∞~

115.

Tengo, tengo, tengo,
tú no tienes nada,
tengo tres ovejas
allá en la cabaña.

Una me da leche,
otra me da lana,
y otra mantequilla
para la semana.

~∞~

116.

Tururu mi niño
Tururu mi ya
duérmete niño,
duérmete ya,
que viene la luna
y te arrullará.

117.

Una linda tortuguita
paseaba por el jardín,
moviendo su colita así, así, así,
se quita los zapatos
se arregla el corbatín
y se cierra sus ojitos
cuando se va a dormir.

❧

118.

Un tierno bebé
hay de nuevo aquí,
qué lindo y hermoso
poder compartir
con él su niñez.

❧

119.
Una Niñita Madrugadora

Una niñita madrugadora
va a juntar flores para mamá,
y es tan bonita que hasta la aurora
vierte sobre ella más claridad.

Tras cada mata de clavellina
de pensamientos y de arrayán,
gira su traje de muselina
su sombrerito y su delantal.

Llena su traje de lindas flores
y su traje de muselina
su sombrerito y su delantal
y la persiguen las mariposas
vuelan y pasan, vienen y van.

৩৽৵

120.
Vamos niños al sagrario
que Jesús llorando está,
pero viendo tantos niños
muy contento se pondrá.

৩৽৵

121.
Vamos niños al sagrario
que Jesús durmiendo está,
pero viendo tantos niños
pronto se despertará.

৩৽৵

122.
Vamos todos a dormir
y mañana jugaremos,
nos podremos divertir
pero ahora, hay que dormir.

৩৽৵

123.

Vamos niños a dormir
que mamá ocupada está,
papito ya va a venir
y ella aquí lo esperará.

ം

124.

Hola don Pirolo
qué gordo está usted,
y cómo no voy a estarlo, caramba,
si lo paso bien,
subo a la terraza
a colgar la ropa,
sale un ratoncito, caramba,
bailando la polca,
baila la polquita,
baila la polcota
baila la polquita, caramba,
y así lo paso bien.

ം

125.

Yo tengo un avión que se llama Vinilo
y a veces no quiere volar.
Arruga las alas, recoge la cola
y luego se pone a llorar,
pero hay que volar.
Arriba en el cielo,
se aleja la tierra

se sienten las nubes
qué lindo es volar.

Ahí va volando Vinilo
extiende las alas
estira la cola
y rum qué lindo es volar.

RECUERDOS DE MECEDORA, es una recopilación de canciones de cuna que han sido destinadas a adormecer infantes renuentes al descanso. Es saber popular auténtico como son los sentimientos que han dado origen a tales expresiones de amor, premura, cariño, paciencia y ternura de abuelas, mamás y niñeras, artífices sabias de la crianza amable que da seres humanos más agradecidos, felices e integrales.

Estos arrullos en su mayoría, tienen un estilo sencillo y fresco que estimula el buen humor y nos hace partícipes de todo lo que significa la cercanía y la bondad para conseguir el milagro de convivir y crear lazos de fraternidad.

La infancia deja improntas para toda la vida, ojalá y sean los mejores.

www.ingramcontent.com/pod-product-compliance
Lightning Source LLC
Chambersburg PA
CBHW060214290526
45789CB00003B/1272